Team Work

Trabajo en Equipo

Books for bilingual learning
Libros para apendizaje bilingüe
By / Por Grace Swift

CREDITS / CRÉDITOS

Author/ Autora: Grace Swift
Illustrators/ Ilustradors: Jose Trinidad and Grace Swift

Art contributors/ Colaboradores de Art

Bryan Gregory, Monique Loriann, Jasmine Renay, Alexandria Marie,
Corrie Kashawn, Corben Elshawn, Benjamin Jr 'Smoov', Jessica Lynn
Thank you all / Gracias a todos

Kenden Swift, Kamron Isaiah, Kimora Shaley, Steven Michael

Dedicated to my great-grandchildren/ Dedicado a mis bisnietos:

Nekia Richelle, Briana Gabrielle, Knoah Darwell, Benjamin III 'Trae'
Saniah Marie, Sydney Janea, Stephen Michael Jr 'SJ', Emina Marie,
RaShon Jr, Riley Jaye, Rainer Josiah, Ryland Jerome, Elshawn James,

Educators/ Educadores: William Swift Gordon, Sheila Trujillo-trinidad
Translators/ Traductores: Sheila Trujillo-Trinidad, Kimora Reaves,
Pastor Phillip and Edith Steele (Bethel World Outreach Church)

Special thanks/ Gracias especiales:
JVILLAS (Juvenile's Valuable Instructions in Life, Learning and Solutions)
After School Program children. Nijah and Lyric Cane

My father is looking for someone to work for him.

Mi padre está busca a alguien que trabaje para él.

Someone who will ask questions like a receptionist or an operator,

Alguien que haga preguntas como una recepcionista o un operado,

2

seek like a scientist or a detective

busca alguien como científico o detective

and knock like a delivery person.

y llamar como una persona de entrega de mercaderia.

He wants someone who will bind up wounds like a doctor or nurse.

Él quiere a alguien que cuide heridas como un médico o enfermera.

He is looking for police officers to lock up bad people

Él busca policias que encierren a las personas malas

and lawyers and judges who will free good people from jail.

y abogados y jueces que liberen a personas buenas de la cárcel.

He needs help to make people strong like a personal trainer or a coach

Él necesita ayuda para fortalecer a las personas como un entrenador personal o un consegero.

a nutritionist or a pharmacist.

PHARMACY
FARMACIA

un nutricionista o un farmacéutico.

He wants people who will work very hard!

Él quiere que la gente vaya a trabajar muy duro!

Follow His instructions,

Building instructions
Instrucciones de
construcción

GPS

Read map   Mapa vial

Sigue Sus instrucciones,

inside and

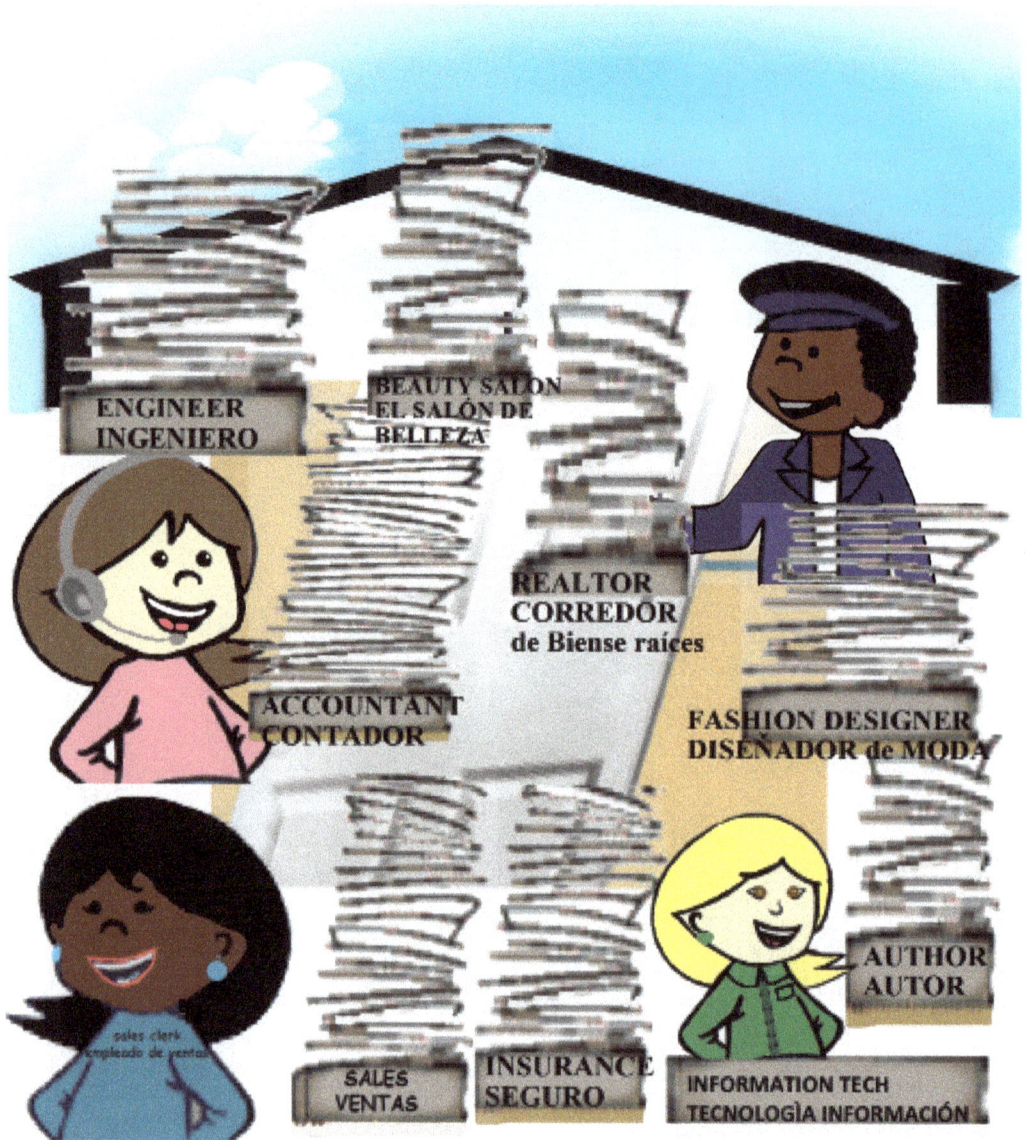

ENGINEER
INGENIERO

BEAUTY SALON
EL SALÓN DE
BELLEZA

REALTOR
CORREDOR
de Biense raíces

ACCOUNTANT
CONTADOR

FASHION DESIGNER
DISEÑADOR de MODA

sales clerk
empleado de ventas

AUTHOR
AUTOR

SALES
VENTAS

INSURANCE
SEGURO

INFORMATION TECH
TECNOLOGÍA INFORMACIÓN

dentro y

outside too.

Astronaut /Astronauta... Pilot / Piloto
Lineman/Homebre de línea...
Drivers /Conductors
Cable man/ Hombre de cable
Football player/ Jugador de fútbol
Mechanic/ Mecánico

fuera tambien.

We want to help, but we don't
know what to do,

Queremos ayudar, pero no sabemos
que hacer,

14

so he sent us all to school.

asi Él nos envio a todos a la escuela.

Father is looking for someone to visit him, but everyone is gone.

Padre busca a alguien para visitar, pero todos se han ido.

We finished at the university with degrees and certificates. Now we are registered and have licenses.

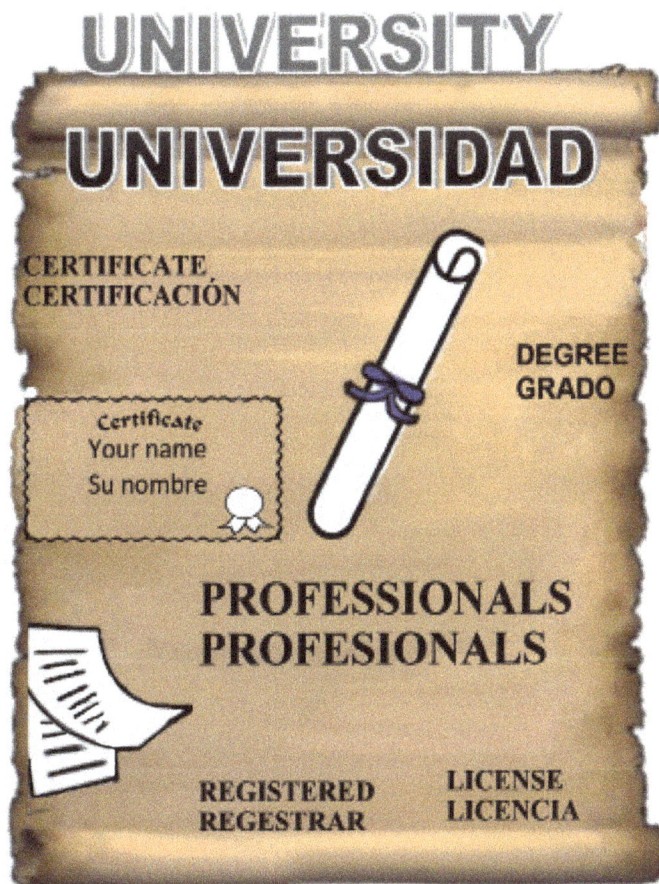

Terminamos en la universidad con grados y certificados. Ahora estamos registrados y tenemos licencias.

Father is looking for someone to have fun with him, but they were all working.

MQVIE
PELÍCULA

Padre busca a alguien para divertirse con él, pero todos están trabajando.

The doctors, nurses, pharmacist and scientists, are all at the hospital with patients.

HOSPITAL
HOSPITAL ✚

Patient 1
Pacientes 1

Patient 2
Paciente 2

Los médicos, enfermeras, farmacéuticos y científicos, están todos en el hospital con los pacientes.

The chef's and the nutritionsts are in the kitchen cooking.

KITCHEN
COCINA

Los cocineros y los nutricionistas están cocinando en la cocina.

The firefighters and police are on the streets keeping everyone safe.

Los bomberos y los policía están en las calles manteniendo a todos a salvo.

The repairmen, architects, delivery men, drivers and workers are all over town.

Los reparadores, los arquitetos, la gente de reparto, los conductores y los obreros están por toda la ciudad.

The lawyers, judge and detectives are in the court room.

COURT ROOM

Los abogados, el juez y los detectives están en la sala de la corte.

The business owners, receptionist, operators, and staff are in the office. They are answering all the questions.

OFFICE
OFICINA

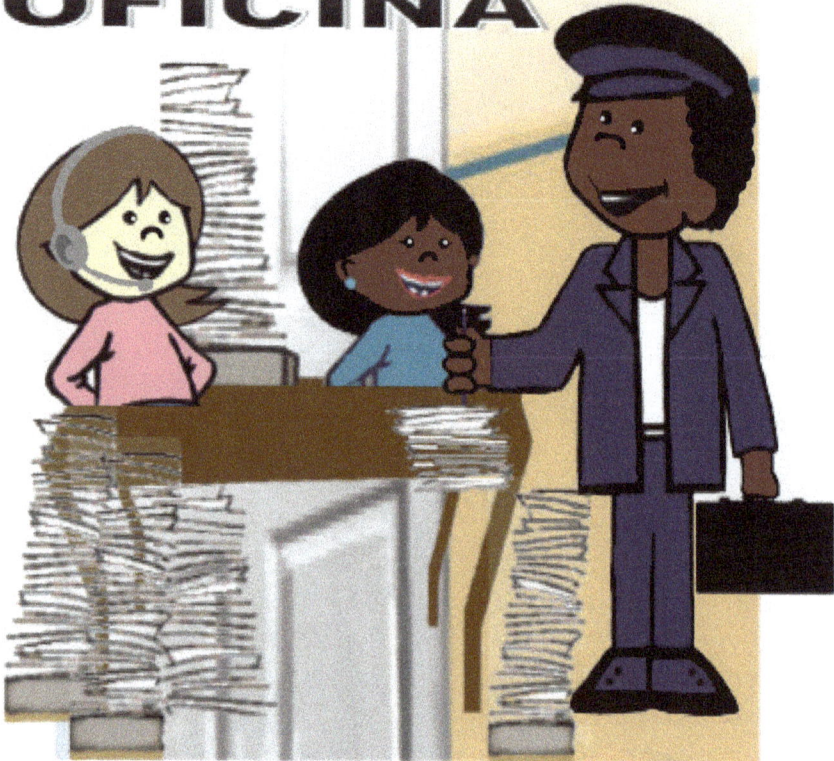

Los dueños de negocios, recepcionistas, operadores y empleados están en la oficina. Ellos están contestando todas las preguntas.

The coach and personal trainers are making the athletes practice.

GYMNASIUM

El entrenador y los entrenadores personales hacen que los atletas practiquen.

STUDIO
ESTUDIO

The singers, artist and performers are rehearsing in the studio. Everyone is excelling everywhere in everything.

Los cantantes, artistas y intérpretes ensayan en el estudio. Todos sobresalen en todas partes en todo.

Then my Big Brother sent everyone a text message:

Let's all meet at my job at noon.
Vamos a encontrarnos en mi trabajo al mediodía.

BANK PRESIDENT
PRESIDENTE DEL BANCO

Entonces mi Mayor Hermano envió a todos un mensaje de texto:

Father is looking for someone to help him, but he found no one

El padre busca a alguien que le ayude, pero no encontró a nadie

because they all met Big Brother at the bank to open new accounts

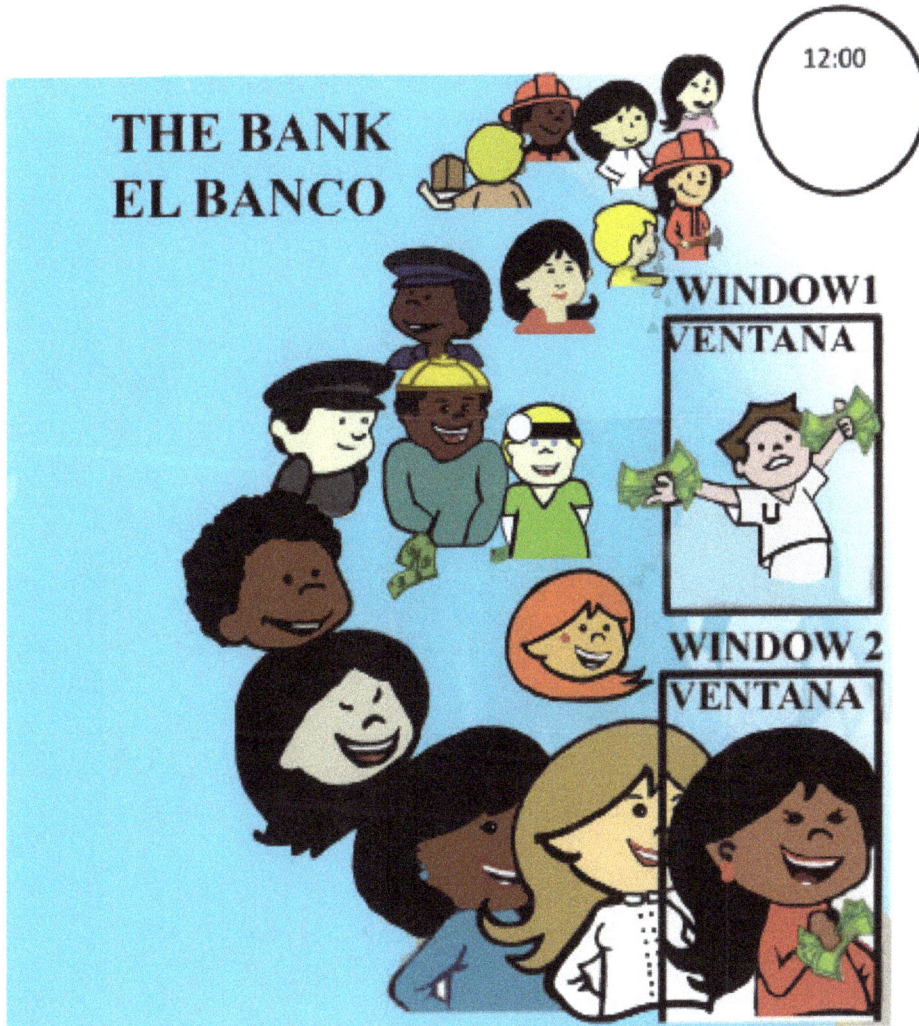

porque todos se encontraron con Hermano Mayor en el banco para abrir nuevas cuentas.

Then, they went shopping at the mall.

**SHOPPING MALL
CENTRO COMERCIAL**

Entonces, se fueron de compras en el centro comercial.

Father is waiting for someone to call him,

Padre está esperando que alguien lo llame,

RESTAURANT
RESTAURANTE

but we are all waiting and looking for him at the restaurant.

pero lo estamos esperando y buscando en el restaurante.

Everyone wants to thank father, but father could not be found.

FAMILY PORTRAIT

RETRATO DE FAMILIA

Todos quieren agradecerle a papá, pero papá no es encontrado.

Then my Big Brother sent everyone
a Text Message:

Let's all meet at home tonight.
Vamos a encontrarnos en la casa esta noche.

Entonces mi Hermano Mayor envió
a todos un mensaje de texto:

Our Father is resting now because we have all arrived at home.

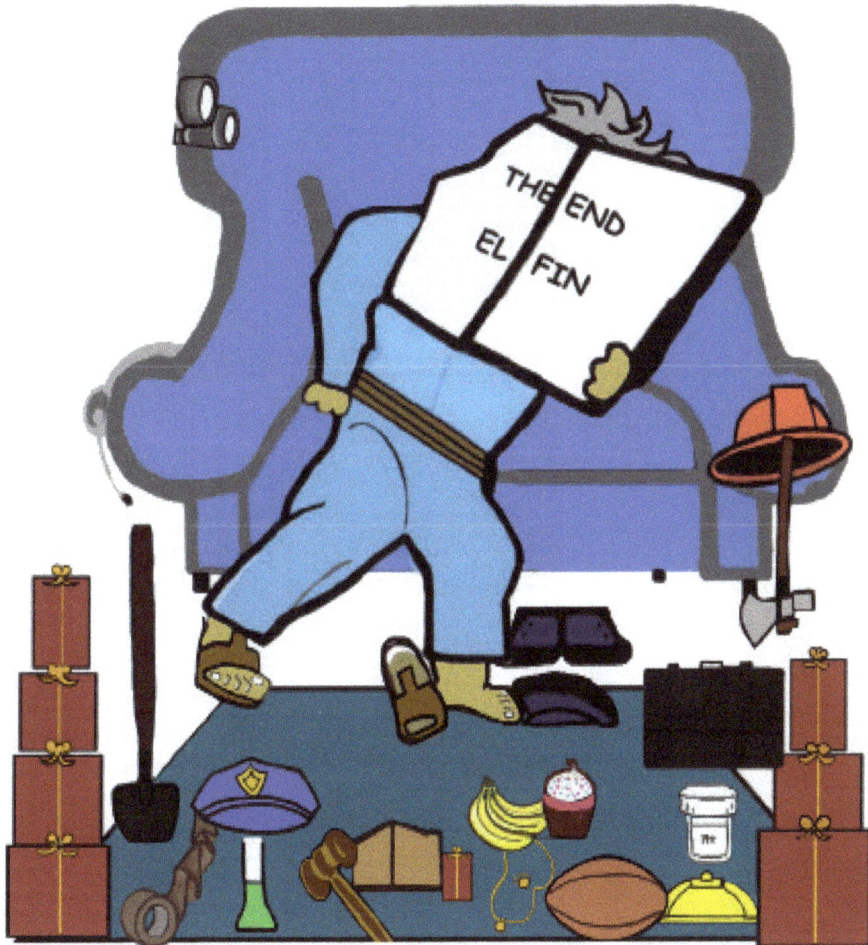

Nuestro padre descansa ahora porque todos hemos llegado a casa.

Who is in bed? ¿Quién está en la cama?

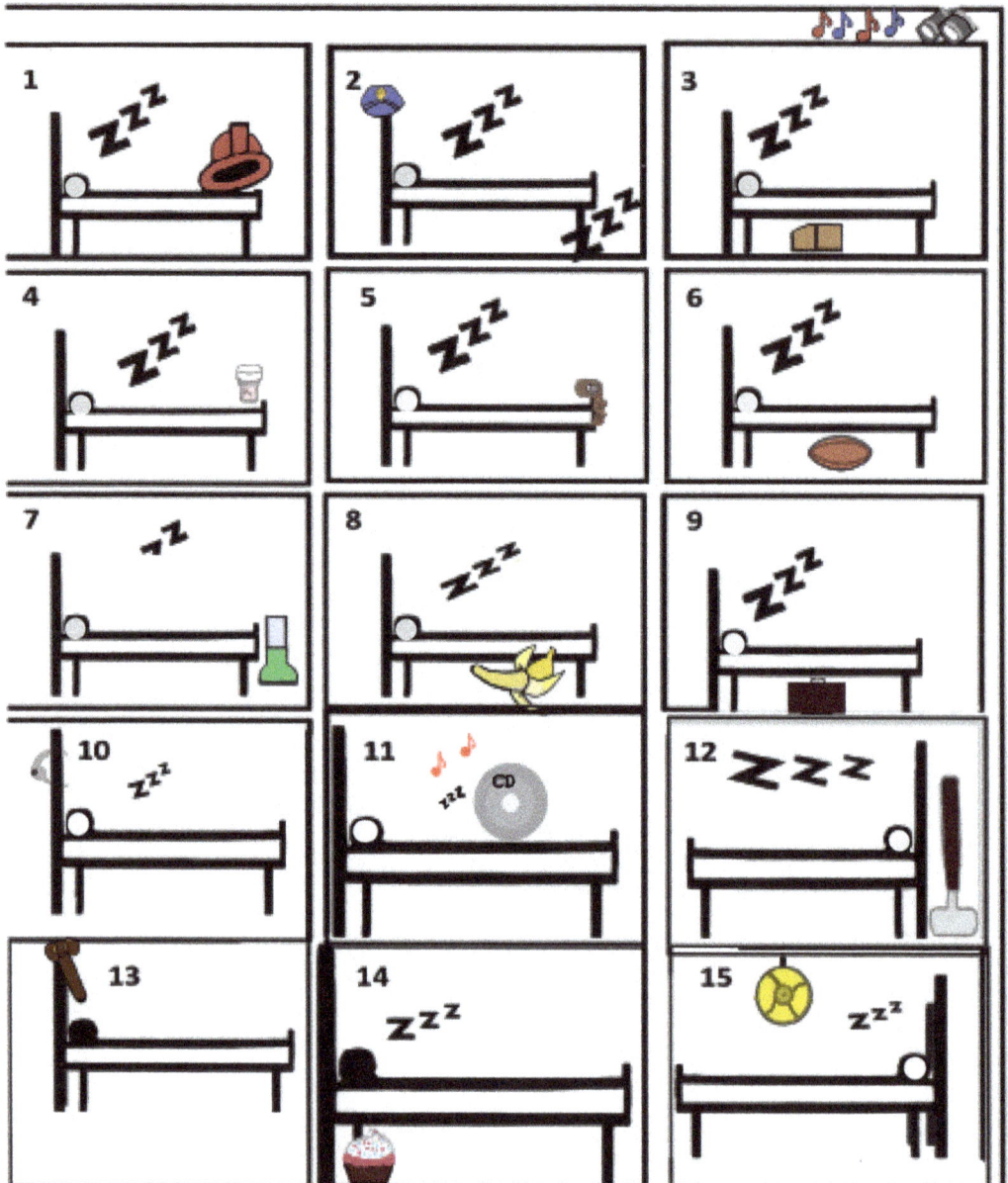

List 5 outside occupations .
Lista 5 ocupaciones fuera.

List 8 inside occupations.
Lista 8 ocupaciones dentro.

List who is in the kitchen.
Lista de los que están en la cocina.

Who is in the studio? ¿Quién está en el estudio?
The streets/La Calle.

The hospital/el hospital.

The Court room /la sala de la corte.

Who will keep you safe? /¿Quién te mantendrá a salvo?

Who will make you strong? / ¿Quién te hará fuerte?

Where did everybody meet at noon? / ¿Dónde se reúnen todos al mediodía?

What did father want? /¿Qué quería papá?

What did Big Brother send?/ ¿Qué envió el Hermano Mayor?

What occupation will you choose? / ¿Qué ocupación elegirás?

www.ingramcontent.com/pod-product-compliance
Lightning Source LLC
Chambersburg PA
CBHW040253100426
42811CB00011B/1253